DE L'ÉTAT ACTUEL

DE LA

PROSTITUTION

PARISIENNE

PAR

C. J. LECOUR

CHEF DE LA PREMIÈRE DIVISION A LA PRÉFECTURE DE POLICE

PARIS

P. ASSELIN, SUCCESSEUR DE BÉCHET JEUNE ET LABÉ

LIBRAIRE DE LA FACULTÉ DE MÉDECINE

Place de l'École-de-Médecine

1874

DE L'ÉTAT ACTUEL

DE LA

PROSTITUTION

PARISIENNE

LA
PROSTITUTION

A

PARIS ET A LONDRES
1789 — 1871

PAR

C. J. LECOUR

CHEF DE LA PREMIÈRE DIVISION A LA PRÉFECTURE DE POLICE

DEUXIÈME ÉDITION

Augmentée de chapitres sur

LA PROSTITUTION A PARIS PENDANT LE SIÉGE ET SOUS LA COMMUNE

ET DE NOUVEAUX RENSEIGNEMENTS STATISTIQUES

La Police n'autorise pas la prostitution ;
elle la surveille et se donne tous les moyens
possibles de rendre cette surveillance efficace.
(M. DELAVAU, *Préfet de Police*, 1823.)

1 vol. in-18 de 410 pages. Prix : 4 fr. 50, rendu *franco*

CORBEIL — Typ. et stér. de CRÉTÉ FILS.

DE L'ÉTAT ACTUEL

DE LA

PROSTITUTION

PARISIENNE

PAR

C. J. LECOUR

CHEF DE LA PREMIÈRE DIVISION A LA PRÉFECTURE DE POLICE

PARIS

P. ASSELIN, SUCCESSEUR DE BÉCHET JEUNE ET LABÉ

LIBRAIRE DE LA FACULTÉ DE MÉDECINE

Place de l'École-de-Médecine

1874

AVERTISSEMENT

La publicité par le journal ou par le livre, soit qu'on l'ait recherchée, soit qu'un incident l'ait imposée, est comme un engrenage qui saisit et qui entraîne tyranniquement dans son évolution.

On a exposé des idées ; on a publié des renseignements, des chiffres en les commentant. La contradiction et les critiques sont venues. Gardera-t-on le silence? Impossible. On n'est excusable de parler publiquement qu'à la condition d'être vrai et d'avoir raison.

Sur cette grosse question de la prostitution, l'Administration avait toujours laissé la parole

aux médecins, bien qu'elle eût pourtant beaucoup à dire, son action en pareille matière étant
considérable et très-complexe.

C'est pour m'être laissé aller, en 1867, à parler brièvement des difficultés de cette partie de
la tâche de l'autorité de police, que j'ai été en-
traîné à traiter ce sujet avec plus de développement en 1870, à compléter mon travail en
1873, et que j'y reviens encore aujourd'hui.

Il reste entendu que mes appréciations, con-
séquences de mon examen personnel, n'en-
gagent pas l'Administration.

Août 1874.

DE L'ÉTAT ACTUEL

DE LA

PROSTITUTION

PARISIENNE

OUVRAGES RÉCENTS SUR CE SUJET :

1° De la Prostitution dans les grandes villes au XIXᵉ siècle et de l'extinction des maladies vénériennes, par M. le Dʳ JEANNEL, ex-médecin en chef du Dispensaire de salubrité de Bordeaux.

2ᵉ édition. Mars 1874.

2° Nouveau Système d'assainissement de la prostitution, par le Dʳ P. DIDAY. 1874.

I

Les livres sur la prostitution ne sont pas de la compétence exclusive de la science médicale. Ils relèvent tout autant de quiconque s'occupe des questions sociales. Ils peuvent être jugés par des moralistes. Ils exigent surtout la connaissance des pouvoirs et des attributions administratives et de leur fonctionnement. En effet, pour que la prostituée se soumette à l'examen corporel exigé par l'intérêt sanitaire, il faut qu'elle ait été préalablement l'objet, de la part de l'autorité de police, soit d'une arrestation pour fait de débauche vénale, soit d'une inscription sur les contrôles de la prostitution publique, actes graves, délicats, auxquels il ne doit être procédé qu'avec la plus grande réserve, et qui créent, pour ceux qui les ordonnent ou les exécutent, une lourde responsabilité.

Je n'indique ces considérations que pour expliquer comment il se fait qu'en m'autorisant de fonctions dans lesquelles je compte d'ailleurs une longue pratique, je crois pouvoir me permettre d'exprimer, en le motivant bien entendu, mon avis sur les deux livres que viennent de publier MM. les docteurs Jeannel et Diday, et dont j'ai commencé par mentionner les titres.

Depuis quelques années et après une période de plus de trente ans, pendant laquelle l'estimable ouvrage de Parent-Duchâtelet (*De la Prostitution dans la ville de Paris*), d'abord par son édition originale, puis par ses rééditions rajeunies au moyen des notes de MM. Trébuchet et Poirat-Duval, prima tous ses concurrents sur cette matière, on a beaucoup écrit sur la prostitution publique (1).

(1) *De la prostitution et des mesures dont elle est l'objet à Paris* (1867, Archives) Lecour; *le Congrès médical international*, publié en 1868, par V. Masson et Asselin; *De la prostitution dans les grandes villes au XIXe siècle* (1868, Dr Jeannel, 1re édition),

Cette abondance de publications sur un sujet qu'on n'aurait pu traiter autrefois sans s'exposer à être pris pour un émule de Rétif de la Bretonne et qu'avait timidement réhabilité Parent-Duchâtelet, en spéculant un peu sur la curiosité publique, s'explique par la crise qui se produisait alors, en matière de mœurs, et qui, sous l'influence de nos catastrophes nationales, est allée en s'aggravant jusqu'aux difficultés actuelles, dont l'importance est extrême.

Je disais en 1867, je répétais en 1870 : « La prostitution augmente et elle devient, de jour en jour, plus dangereuse pour la santé publique. »

Depuis le Siége et la Commune, le mal, ainsi que je l'exposerai tout à l'heure, a pris de telles proportions qu'il a dû troubler des sérénités insoucieuses et déconcerter des impassibilités et des tolérances systématiques. On ne peut aujourd'hui nier le péril, ni s'enfermer à son égard dans l'abstention. D'où vient cette recrudescence de la débauche publique et de la contagion vénérienne? A quoi l'attribuer ? Comment la réprimer efficacement et y porter remède ? Malgré les préoccupations politiques, ces questions s'imposent à l'attention générale.

Dans de pareilles conditions, tout écrit sur la

J.-B. Baillière et Fils; *la Prostitution à Paris et à Londres, de 1789 à 1871* (Lecour, janvier 1870, 1re édition), P. Asselin; *Les Plaies sociales, la Prostitution à Paris* (Maxime Du Camp, Correspondant, 1870); *la Prostitution à Paris et à Londres* (Lecour, 1872, 2e édition, Asselin), avec un complément relatif à la période du Siége et de la Commune.

prostitution emprunte aux circonstances une importance exceptionnelle. C'est l'heure, entre toutes, où la question doit être sérieusement examinée, où les observations et les critiques fondées peuvent utilement se produire, où il ne suffit pas de juger rapidement et avec des sévérités sommaires l'action administrative, où il faut enfin tenir compte, si gênant que cela soit pour les théoriciens de cabinet, des exigences de fait et des brutales nécessités de la pratique.

II

Le livre publié en 1868 par M. le Dr Jeannel, ex-médecin du Dispensaire de salubrité de Bordeaux, livre réédité en 1874, et que je veux examiner ici, méritait et a obtenu un grand succès. Écrit par un homme compétent et qui annonçait dans sa préface avoir vérifié et « *vu de ses propres yeux* » la plus grande partie des faits qu'il rapportait, quant à la prostitution moderne, plein de renseignements statistiques, au point de vue sanitaire, et d'indications sur la réglementation de la prostitution à l'étranger, contenant enfin de nombreuses propositions de règlements se rattachant à la surveillance et à la répression de la débauche publique, comme aussi à l'exercice de la prophylaxie vénérienne, il prenait immédiatement place, au premier rang, parmi les ouvrages à consulter sur ces importantes questions.

Sans les événements une pareille publication eût vu plus vite s'épuiser sa première édition. Ce n'est pas d'ailleurs en réalité une seconde édition que le livre qui paraît aujourd'hui. C'est un nouveau livre, empreint, dans une certaine limite, d'un autre esprit, en même temps qu'il est grossi de plus de deux cents pages de citations et de reproductions. Ce procédé n'est d'ailleurs profitable ni à l'ouvrage, dont il détruit l'unité en le réduisant au caractère d'une œuvre de compilation, ni aux auteurs cités, qui, si flatteur que cela soit pour eux, n'en sont pas moins couchés sur un lit de Procuste. En fait de citations, on doit toujours compter avec la question de proportion. Dès que la mesure est dépassée et qu'il y a trop, c'est trop peu.

Dans les deux livres, la première partie n'a subi aucune modification. Elle traite de la prostitution dans l'antiquité, et particulièrement à Rome. Ce sont des citations, avec traductions et de brefs commentaires. L'auteur déclare lui-même qu'il a « laissé « la parole à Moïse, à Plaute, à Térence, à Cicéron, « à Horace, à Juvénal, à Properce, à Tibulle, à « Martial, à saint Paul, etc. » Ce chapitre est le résultat de laborieuses recherches sur la débauche antique, recherches qui s'étendent jusqu'à la sodomie. On l'eût écrit jadis pour les seuls érudits. M. le Dr Jeannel a cru devoir le traduire pour les ignorants et les mémoires paresseuses.

A l'occasion des citations bibliques et du passage

de saint Paul, on se demande s'il n'eût pas été naturel et juste d'en profiter pour parler de l'avénement du christianisme, qui a transformé la condition sociale des femmes, et de son influence pour retenir, purifier et relever. Une réflexion de cette nature aurait été certainement à sa place dans un pareil travail. On l'y chercherait vainement ; la seule allusion qui y soit faite à Rome chrétienne se rattache aux castrats de la chapelle Sixtine ! En revanche, on y trouve (page 2) une sorte de *déclaration de droits hygiéniques* » ainsi formulée : « La « morale naturelle y conservait ses *droits hygiéni-* « *ques,* malgré l'esclavage et le paganisme. »

La deuxième partie de ce livre comprend sous les titres de « Causes de la prostitution, Proxénètes et « Souteneurs, Prostituées clandestines, Maisons de « refuge », une série de chapitres qui n'existaient pas dans la première édition ou qui n'y figuraient que pour quelques pages, et dont le texte se compose, soit d'emprunts, soit, pour une notable partie, de citations textuelles tirées d'ouvrages tout récemment publiés, qui ont été appréciés et jugés et dont il n'y a pas à s'occuper dans la circonstance.

Dans ses deux éditions, M. le Dr Jeannel a consacré une assez large place à un travail très-complet, trop complet peut-être, sur les habitudes et la manière de vivre des prostituées. C'est le tableau, détaillé et très-réaliste, des pratiques de la prostitution. Tout y est : la description de la maison de tolérance, vue du dehors et dans ses dispositions intérieures, le mobilier, les costumes, les nudités, les servilités de la débauche, le tarif des faveurs et le prix des consommations. Il y a sur ce point, grâce à de nombreuses citations latines, accompagnées, bien entendu, de traductions, et à une réelle habileté d'expression, des pages très-curieuses et qui seront beaucoup lues. Ce chapitre était-il nécessaire avec ce luxe de détails et un pareil développement ? Qu'il me soit permis d'en douter. J'estime d'ailleurs qu'il n'était plus besoin de le refaire après les pages d'une vérité saisissante, colorées mais réservées cependant, que Maxime Du Camp a consacrées à ce sujet dans son grand ouvrage sur Paris (1).

III

J'ai fait allusion, en commençant, aux difficultés actuelles de la répression de la débauche publique. Ces difficultés sont tout entières dans le développement de la prostitution clandestine et dans les obstacles que l'Administration doit surmonter pour arriver à faire d'une prostituée insoumise une prostituée inscrite, c'est-à-dire soumise à toutes les obligations administratives et sanitaires imposées aux femmes publiques.

En 1868, tout en proclamant, comme tout le

(1) *Paris, ses organes, ses fonctions et sa vie dans la seconde moitié du XIX*^e *siècle.*

monde, le danger de la prostitution clandestine et les nécessités de sa répression, M. le Dr Jeannel déclarait qu'à ce dernier point de vue le service à Paris lui semblait organisé d'une manière satisfaisante.

Dans son nouveau livre, M. le Dr Jeannel reprend l'examen de cette question, et, après avoir condamné, sans les discuter, les considérations qui restreignent l'action administrative, et, sans paraître se douter de ce que peut être et produire une inscription trop sommairement faite, il reproche à l'administration française « et surtout à l'administration « parisienne l'absolue confiance en soi-même et la « certitude de réaliser l'idéal de la perfection qui les « caractérisent. »

Ceci est beaucoup plus un procès de tendance qu'une véritable critique. Mais poursuivons.

D'après l'avis de M. le Dr Jeannel, le développement de la prostitution et sa transformation ne constituent pas un mal social nouveau. L'augmentation du nombre des insoumises, « c'est tout simplement « l'autorité publique affaiblie, la répression éner- « vée ; c'est la prostitution clandestine qui se sent « protégée par la police. »

Cette accusation serait des plus graves si elle était justifiée.

Nous sommes bien loin, on en conviendra, de l'optimisme courtois de 1868. Est-ce qu'à cette époque les renseignements spéciaux avaient manqué à M. le Dr Jeannel? Non, car les allusions aux diffi-

cultés, dont il fait si bon compte aujourd'hui, existaient dans un travail sur la prostitution publié par
les *Archives* et qu'il citait même dans son livre (1).
C'est donc une conviction nouvelle, qu'on doit croire
mûrement formée, portant sur le point le plus considérable de la question et s'appliquant étroitement
aux difficultés actuelles. Cela vaut la peine qu'on s'y
arrête, bien qu'après ce coup de massue à la police
M. le Dr Jeannel ait pris le soin de rassurer ainsi
ses lecteurs : « Grâce aux progrès de l'hygiène so-
« ciale, la législation se régularisera et les procédés
« rigoureux de la science seront appliqués à l'étude
« et à l'assainissement de la prostitution, de ce
« foyer de contagion physique et morale. »

C'est quelque chose que de pouvoir compter sur
les progrès de l'hygiène sociale, mais il faut avouer
cependant que ce serait bien peu, si, au mépris de
ses devoirs, la police venait à protéger la prostitution
clandestine.

Voyons ce que nous disent les chiffres sur la question soulevée.

ANNÉES	ARRESTATIONS de filles inscrites (Infractions)	ARRESTATIONS d'insoumises (Prostitution clandestine)
1855	4,353	1,323
1856	4,551	1,592
1857	4,161	1,405

(1) *De la prostitution et des mesures de police dont elle est l'objet à Paris,* par Lecour. Archives générales de médecine, numéro de décembre 1867.

1858	3,760	1,158
1859	5,182	1,528
1860	4,131	1,650
1861	4,225	2,322
1862	4,640	2,987
1863	4,221	2,124
1864	4,433	2,143
1865	4,571	2,255
1866	4,657	1,988
1867	4,247	2,018
1868	4,793	2,077
1869	3,987	1,999
1870	3,970	2,641
Du 3 juin 1871 au 1er janvier 1872	3,072	2,935
1872	7,584	3,769
1873	9,076	3,319

Que ressort-il de ces chiffres ?

Ce fait que, dans les conditions les plus difficiles, et alors qu'elle se trouvait aux prises avec les embarras et les épreuves de toutes sortes qu'ont entraînés pour elle les terribles événements de ces dernières années, la Préfecture de police a fait preuve, sur le terrain de la surveillance et de la répression de la prostitution, d'activité et d'énergie.

En 1868, les arrestations de filles inscrites et d'insoumises s'élèvent à 6,870. Sous l'influence des événements qui se préparaient, et par suite de l'affaiblissement du principe d'autorité résultant du régime des réunions publiques, le nombre de ces arrestations descend, en 1869, à 5,986. Il remonte à 6,611, en 1870, malgré les entraves de tout genre qu'apportent à l'action du service des mœurs les agitations des premiers mois de cette année, la révolution du 4 septembre, l'investissement et le siége. Au lendemain de la Commune, dans moins de sept mois, en 1871, du 3 juin au 1er janvier, le nombre des arrestations s'élève à 6,007. Il est, pour 1872, de 11,353, et de 12,395, pour 1873.

Le nombre total des filles inscrites, de 1855 à 1865, est en moyenne de 4,250. Ce chiffre descend à 3,731, en 1869, à 3,656, en 1870, à 3,359 en 1871. Il est de 3,675, en 1872, de 4,242, au 1er janvier 1873, de 4,603 au 1er janvier 1874 (1).

Dans une période de dix ans, de 1859 à 1869, le nombre des inscriptions sur les contrôles de la prostitution publique a été, en moyenne, de 364. Il y a eu 517 inscriptions en 1870, 513 en 1871 (7 mois environ, du 3 juin au 31 décembre), 1,014 en 1872, 969 en 1873 (2).

Quoi qu'en dise M. le Dr Jeannel, et l'on a le droit de s'étonner de voir son expérience s'égarer à ce point, ce n'est donc pas à la police qu'il faut s'en prendre du développement de la débauche vénale et de sa transformation. S'il lui faut la preuve de cette

____

(1) Il y a 719 filles inscrites à Lyon; il y en a 570 à Bordeaux. Au 1er avril 1874, le nombre total des prostituées *enregistrées* existant en Angleterre, et réparties entre 17 stations navales et militaires, étaient de 2175.

(2) L'apparition du choléra à Saint-Lazare en septembre et octobre 1873, a forcé l'Administration de ralentir l'action répressive afin de diminuer l'encombrement de cette prison. Cette mesure a eu son contre-coup dans une diminution relative du nombre des inscriptions.

transformation, elle est très-facile à faire. La voici :

En 1855, il y avait à Paris et dans sa banlieue 204 maisons de tolérance; il n'y en avait plus que 172 en 1865 et 152 en 1869. On en comptait encore 142 au 1ᵉʳ janvier 1872. Il n'y en a plus que 136 aujourd'hui. De 1855 à 1869, le nombre des filles publiques, dites de maisons de tolérance, est descendu de 1,852 à 1,206. Il était de 1,092 en 1872 et de 1,031 en 1873.

Quant aux filles isolées, elles étaient 2,407 en 1855, 2,525 en 1869, 2,583 en 1872, 3,116 en 1873.

En présence de ces chiffres si concluants et de l'augmentation progressive et considérable de la prostitution clandestine, je persiste dans l'opinion que j'ai émise en 1870. Je disais alors et je redis aujourd'hui : Cet état de choses révèle l'existence d'une maladie sociale que des mesures de police ne peuvent seules atteindre et détruire.

Le monde de la prostitution, établissements et personnel, se transforme d'une manière notable. Le nombre des maisons de tolérance diminue : il ira toujours en décroissant. Au point de vue de la spéculation, ces maisons n'offrent plus guère d'avantages, et elles disparaîtraient si elles n'avaient leur clientèle de voyageurs, de soldats et de journaliers. Ce serait une grave erreur de croire qu'il y a lieu pour la morale publique de se réjouir de ce fait, car il ne tient qu'à un simple changement de forme. Aujourd'hui, on cherche l'*aventure* au grand péril de sa santé, et, dans bien des cas, de sa tranquillité à venir. Question de vanité et de luxe sur un terrain malsain. Au contact de passage qui, dans la maison de tolérance ou chez la fille isolée, n'est qu'une espèce de souillure matérielle, dont l'administration s'efforce d'atténuer le danger, on préfère quelque rencontre de hasard où l'on croit pouvoir jouer, à peu de frais, un meilleur rôle, et l'on se jette dans les bras toujours tendus de la prostitution clandestine qu'infecte la contagion syphilitique.

Les maisons de tolérance s'en vont, mais elles s'efforcent de renaître sous des apparences qui augmentent les risques sanitaires sans diminuer le scandale. Si la police, toujours en éveil, n'y mettait obstacle, on verrait reparaître et se multiplier, sous prétexte de commerce de parfumerie, de nouveautés, de ganterie, ces lieux de débauche qui abondaient autrefois. Rien de plus dangereux, à tous les points de vue, que ce genre de maisons de prostitution déguisées; elles provoquent des défaillances de mœurs qui, sans leurs facilités spéciales, ne se seraient pas produites, et elles constituent de véritables piéges pour des jeunes filles, qu'on y attire comme ouvrières ou comme employées, et qui ne tardent pas à s'y prostituer à l'insu de leurs familles.

Dans l'état actuel des choses, les inscriptions volontaires deviennent plus rares, et ce qui est grave, il se produit contre l'enregistrement des résistances opiniâtres qui ne se voyaient pas autrefois. Les filles renvoyées des maisons de tolérance après fermeture, ou qui sont sorties volontairement de ces maisons, se rejettent dans la catégorie des filles isolées, lesquelles s'ingénient, à leur tour, pour trouver les moyens de se soustraire à l'action de la police et d'aller grossir la foule des *insoumises*.

On ne s'explique pas que M. le Dr Jeannel, qui possédait ces renseignements, n'en ait tenu aucun compte. S'il s'était enquis, il aurait su, en outre, que la répression, si énergique, dont je viens de montrer les effets, a eu pour conséquence l'encombrement permanent de la prison de Saint-Lazare, dans laquelle on est contraint d'entasser plus de 400 détenues que ne le comporte sa contenance normale et qu'il a fallu même, à un moment donné, diriger sur l'hôpital de Lourcine un certain nombre de prostituées vénériennes que l'infirmerie spéciale de cette prison ne pouvait recevoir faute de place.

Peut-être M. le Dr Jeannel, en insistant comme il l'a fait sur les difficultés présentes et en se hâtant beaucoup trop d'en accuser la police parisienne, n'a-t-il voulu, en définitive, qu'appeler l'attention sur la partie de son livre qui a pour sous-titre : « Questions générales d'hygiène, de moralité pu- « blique et de légalité qui se rattachent à la pros- « titution. »

« Il reste hors de toute contestation, » dit-il, dans une de ces déclarations un peu solennelles dont il

se montre prodigue, « que la société civile a le *droit*
« et le *devoir* de réprimer le scandale de la prosti-
« tution, d'en prévenir les dangers au double point
« de vue de la moralité et de la santé publiques. »

Il passe ensuite en revue les diverses dispositions
prises pour réprimer les scandales de la prostitution
et pour en diminuer les dangers, et, sans daigner
s'arrêter aux règlements spéciaux, aux lois des 14 décembre 1789, 16-24 août 1790 et 19 et 22 juillet 1791, qui forment toute la législation relative à
la débauche publique, il constate qu'une loi spéciale
sur la prostitution est fort difficile à proposer. Il souli-
gne cette difficulté, en s'écriant : « Étrange problème
« social, toujours posé, toujours insoluble ! »

Puis il donne tout à coup à son lecteur découragé
la solution du problème dans cette conclusion qui
lui paraît pratique : « Confier la répression de la
prostitution au pouvoir discrétionnaire du chef de la
police, » et il l'accommode en disposition légale, en
reprenant à cet effet le texte de loi proposée par Parent-Duchâtelet pour la répression de la prostitution.

L'article 2 de ce projet de loi est ainsi conçu :

« Un pouvoir *discrétionnaire* est confié au chef
« de la police sur tous les individus qui s'adonnent
« à la prostitution publique. »

Singulière solution, dont l'auteur, alors qu'il a
des textes réguliers sous une forme générale à in-
voquer, alors qu'il a notamment cette formule de
la loi de 1789, si grosse d'obligations et de respon-

sabilité pour l'autorité municipale : « le devoir de faire jouir les habitants des avantages d'une bonne police, » s'imagine faire de la légalité, en décrétant textuellement l'arbitraire ! Avant comme après l'abrogation de l'article 75 de la Constitution de l'an VIII, qui subordonnait à une autorisation du Conseil d'État la poursuite à exercer contre un fonctionnaire ou un agent de l'administration, à l'occasion d'un acte de sa fonction, on entrevoit la possibilité d'obtenir justice en cas d'abus. Avec l'arbitraire édicté légalement, si cela était possible, où serait le recours légal ?

Que Parent-Duchâtelet, traitant incidemment cette question, ait cru pouvoir la résoudre par une formule si discutable, cela n'a rien d'étonnant, alors que l'on se reporte au caractère de son livre et aux préoccupations qui l'ont surtout inspiré. M. le Dr Jeannel n'était pas contraint de reprendre pour son compte ce projet qu'il s'était borné à préconiser brièvement dans sa première édition. Il eût incontestablement mieux fait de ne pas insister sur ce point.

Ce qu'il importe de noter, c'est qu'après s'être ainsi montré partisan convaincu de l'attribution légale au chef de police d'un pouvoir discrétionnaire, M. le Dr Jeannel, sans rien critiquer de la pratique suivie sur ce point spécial, s'écrie, à propos de la statistique des radiations et des inégalités fort explicables des chiffres sur cette matière : « Cette statis-
« tique suffirait à démontrer ce que j'ai essayé de

« prouver à l'occasion du dénombrement des pros-
« tituées, que tout ce qui concerne la prostitution
« et les périls sociaux est livré sans règle fixe et
« sans contrôle à l'arbitraire des appréciations per-
« sonnelles » (page 385).

On se demande, en présence de cette observation,
ce que devient le pouvoir discrétionnaire du chef de
police dont la proclamation légale, inventée par Parent-Duchâtelet, est aujourd'hui poursuivie avec
tant d'ardeur par M. le Dr Jeannel, et comment il le
dégagera de « l'*arbitraire des appréciations personnelles.* »

On est d'autant plus dérouté à ce sujet que, dans
un autre chapitre (page 315), M. le Dr Jeannel, après
avoir démontré que l'arbitraire de la police est inévitable, signale comme moyen de restreindre le danger
de cet arbitraire : « l'*amélioration du personnel de
« police.* » « Il ne faut, dit-il, confier les fonctions
« de chef du bureau des mœurs qu'à des hommes
« d'une moralité et d'une capacité éprouvées. »

Ceci n'avait pas besoin d'être dit. Est-ce qu'il n'en
restera pas moins « l'arbitraire des appréciations
« personnelles? »

S'agit-il de la répression ? M. le Dr Jeannel explique comment il l'entend : « A mon avis, la police
« devrait s'appliquer à réprimer ce qui est scanda-
« leux, savoir : les toilettes et les allures excentri-
« ques ». . . . .
Les toilettes excentriques! On conviendra que les

modes actuelles lui rendraient cette tâche difficile et bien délicate.   .   .   .   .

.   .   .   .   « les provocations et « les appels directs dans les rues, mais elle devrait « permettre la circulation des filles d'une *tenue dé-* « *cente.* Elle devrait, en un mot, tolérer de la part « des filles inscrites ce qu'elle est obligée de tolérer « de la part de celles qui ne le sont pas » (page 405).

Cette dernière phrase pourrait s'appliquer aux insoumises. Que signifierait-elle alors ?

Il y a un certain intérêt à rapprocher ce passage de la critique dirigée par M. le D\ Jeannel contre l'interdiction par la police des provocations à la débauche faites à haute voix ou avec insistance. Cette interdiction implique, suivant lui, la tolérance de la provocation à voix basse et sans insistance, et il ne va rien moins qu'à soutenir que de pareils faits, s'appliquant à des jeunes gens mineurs, tombent sous l'application de l'art. 334 du Code pénal, article qui, on le sait, a pour but principal d'atteindre le proxénétisme. Ne serait-ce pas plutôt l'art. 330 qu'il a voulu désigner ? Les dispositions de cet article ne sont d'ailleurs applicables qu'au cas d'outrage public à la pudeur.

Pourquoi M. le D\ Jeannel, avec sa compétence spéciale, incontestée, s'aventure-t-il ainsi sur le terrain légal, qui lui est évidemment peu familier ?

Pour en finir avec ce détail de la provocation à la débauche sur la voie publique, est-il besoin de faire remarquer que, sauf le racolage à haute voix, avec gestes et insistance, qui se définit nettement, cette provocation peut s'exercer sous mille formes presque insaisissables, coups d'œil, coups de coude, sourires, ricanements, regards persistants? De pareils incidents ne pourraient servir de base à des poursuites judiciaires. Dans tous les cas et en admettant comme possible que la sanction pénale édictée par l'article 344 puisse être appliquée au fait de racolage de jeunes gens mineurs, comment éviterait-on les erreurs et distinguerait-on le mineur de 18 à 20 ans du majeur d'hier? Comment aurait-on les plaintes, ferait-on les constatations juridiques? Sur tous ces points on se heurterait à des obstacles et à des complications. Que deviendraient donc en pratique les exigences de M. le Dr Jeannel à cet égard?

S'agit-il des souteneurs, chapitre nouveau de sa seconde édition et presque entièrement composé de citations? M. le Dr Jeannel, après avoir reproduit l'ensemble des moyens de répression que la police parisienne emploie activement pour tenir en échec cette classe d'individus turbulents et dépravés, surprend tout à coup son lecteur par cette exclamation que rien ne justifie : « Quant à moi, je n'hésite pas à « l'affirmer, la police commet une grave erreur lors- « qu'elle considère le métier de souteneur comme né- « cessaire au même titre que celui de prostituée. » Où a-t-il vu cela? . . . . - . « . . . . « Elle se compromet,

« elle se discrédite aux yeux des honnêtes gens. »

. . . . . « Je ne comprends pas ce que la
« société gagne à supporter ces gandins en blouse. »

J'arrête ici cette citation dont le ton va cres-
cendo et décèle une animation qui paraît être déci-
dément un procédé de facture.

On commence par créer l'effroi, on indique ensuite le salut : « La police doit arrêter les individus
« qui vivent aux dépens des prostituées et les tra-
« duire devant les tribunaux, dès qu'ils figurent ou
« interviennent dans des rixes. » Le moyen est faible.

On sent que M. le Dr Jeannel ne connaît pas
bien la question. Il s'en tire par une généralité qui
fera sourire les fonctionnaires compétents. Il en est
de même pour ce qui concerne les résistances contre
l'inscription faites par les parents d'une fille mi-
neure, alors que celle-ci, adonnée à la prostitution,
refuse de retourner dans son pays natal.

On sait que, dans certains de ces cas, la Préfecture
de police, au lieu de recourir à l'inscription d'office,
qui présenterait de graves inconvénients, prend le
parti de renvoyer l'insoumise du département de la
Seine, par l'application de la loi du 9 juillet 1852.
Cette loi permet d'éloigner du département de la
Seine les individus qui n'y ont pas de moyens d'existence.

M. le Dr Jeannel critique de haut l'emploi de
ce moyen, qu'il juge médiocrement efficace, attendu
que, suivant lui, il n'est pas possible d'empêcher une

fille de revenir à Paris, où elle espère trouver à vivre en se prostituant. Or, si M. le Dr Jeannel avait lu la loi de 1852, il saurait qu'elle contient un article 3, ainsi conçu :

« Toute contravention à un arrêté d'interdiction « sera punie d'un emprisonnement de huit jours à « un mois. Le tribunal pourra, en outre, placer les « condamnés sous la surveillance de la haute police, « pendant un an au moins et cinq ans au plus. — « En cas de récidive, la peine sera de deux mois à « deux ans d'emprisonnement. »

Il serait superflu de multiplier ces observations de détail.

Je tiens cependant à ne pas laisser sans examen un point important sur lequel M. le Dr Jeannel insiste d'une façon particulière, en s'étayant d'opinions qu'il croit officielles et autorisées. Il s'agit de la visite bimensuelle des filles isolées. Notons, en passant, que dans son livre, dont je parlerai plus loin, M. le Dr Diday, loin de proposer d'augmenter le nombre des visites auxquelles sont astreintes ces filles, estime qu'il conviendrait, au contraire, de réduire aux mêmes proportions les contrôles sanitaires imposés aux filles de maisons de tolérance.

Après avoir critiqué les procédés de statistique médicale employés à l'égard des filles isolées, par comparaison avec les filles dites de maisons de tolérance, qu'il voudrait voir divisées par catégories aussi variées que les milieux dans lesquels elles vivent, M. le Dr Jeannel demande que, dans l'intérêt sanitaire, les filles isolées soient, comme les filles de maisons, visitées hebdomadairement. Il attribue exclusivement le maintien des visites bimensuelles au désir d'éviter les inconvénients que créerait la circulation de ces filles se rendant, deux fois de plus par mois, au Dispensaire, inconvénients qui seraient tels qu'ils justifieraient, dit-il, au prix de dépenses considérables, le transport du Dispensaire dans un quartier excentrique et peu habité, et même sa division en trois ou quatre dispensaires.

Ici encore, et sans qu'on en puisse trouver la cause, M. le Dr Jeannel, prenant à partie l'Administration parisienne à laquelle, comme on va le voir, il ne ménage pas les duretés, refait contre elle un de ses nombreux réquisitoires.

Il s'exprime ainsi : « *Soyons de bonne foi et cessons de nous complaire dans l'admirative contemplation de nos œuvres.* En réalité, les mesures « prises, à Paris, pour assurer les visites sanitaires « des prostituées isolées sont tout à fait défec- « tueuses ; en réalité, si l'Administration parisienne « se contente d'une visite bimensuelle pour cette « catégorie de filles, c'est surtout à cause des diffi- « cultés matérielles d'exécution, et à cause de l'in- « convénient de réunir à la même heure un très- « grand nombre de prostituées dans un point dé- « terminé. Puis ce dangereux moyen de simplifier « le service et d'en réduire les frais a été justifié et

« systématisé, après coup, par l'ingénieuse statis-
« tique alléguée par Lecour et dont j'ai montré le
« vice radical. »

La question de circulation des filles dans la circonstance ne joue qu'un rôle très-secondaire. Ve-
nant de tous les quartiers de Paris, dans des costumes et avec des allures qui n'appellent, en aucune
façon, l'attention, elles passent en quelque sorte
inaperçues, jusqu'aux abords du Dispensaire, lequel
est situé au bord d'un quai relativement peu fré-
quenté. Ajoutons qu'un grand nombre d'elles s'y
rendent en voiture.

Il n'y a donc pas eu à se préoccuper du déplace-
ment du Dispensaire. Quant à son dédoublement,
il n'y a pas à y songer sérieusement, attendu que le
Dispensaire doit fonctionner à proximité du Bureau
des mœurs, de ses archives et de la maison du Dépôt,
sorte de prison où sont envoyées provisoirement les
filles malades, les contrevenantes et les insoumises.

La seule réponse à faire, et elle a déjà été faite,
c'est que la pratique, dans le ressort de la Préfecture
de police, a prouvé que les habitudes des filles isolées et l'indépendance relative dont elles jouissent,
par comparaison avec la situation dépendante des
filles de maisons de tolérance, surtout de celles du
dernier degré, les préserve, dans une certaine mesure, de rapports dangereux au point de vue sanitaire ; qu'elles subissent d'ailleurs, quant au nombre,
beaucoup moins de contacts que les filles des mai-

sons de tolérance, et que, par suite, l'obligation de visites bimensuelles est suffisante. Il ne faut pas oublier, et c'est là une considération très-importante, que toute exigence sanitaire nouvelle augmente le nombre des retardataires à la visite et donne lieu à des disparitions.

A cela on pourrait répliquer : recherchez et réprimez. C'est ce que l'on fait. Mais la recherche, lorsqu'elle aboutit, ne place pas toujours l'Administration en face de conditions d'existence de nature à rendre possible une mesure de répression. Dans beaucoup de cas, cette répression pour des retards qu'on trouve moyen de justifier est pleine d'écueils. L'intérêt même de la santé publique commande de ne pas risquer, par des exigences ou des rigueurs inutiles, de faire que les filles inscrites, insoumises d'hier, redeviennent les insoumises de demain.

Au surplus, ce que demande M. le Dr Jeannel a été tenté, et l'épreuve n'a pas été satisfaisante.

En 1848, M. Ducoux, alors préfet de police, frappé de l'augmentation du nombre des maladies vénériennes, augmentation qui s'était produite après la révolution, et par suite du relâchement de la surveillance sanitaire, ordonna une série de mesures où le médecin apparaissait plus peut-être que l'administrateur. On sait que M. Ducoux avait exercé la médecine. Par ses ordres, et à partir du 1er octobre 1848, les visites sur place des filles de maisons de tolérance furent supprimées, *toutes* les visites devant être faites au Dispensaire. Pour cette catégorie de filles, les visites restèrent hebdomadaires, mais elles devinrent *décadaires* pour les filles isolées.

La multiplicité des visites n'atteignait pas les insoumises d'où venait tout le mal, et, en ce qui touchait les filles isolées, elle devait manquer son but. C'est ce qui arriva. Ces filles, qui supportaient impatiemment les obligations sanitaires demi-mensuelles, les voyant devenir plus fréquentes, s'y dérobèrent, et le nombre des retardataires s'accrut dans une proportion considérable. Force fut de revenir à l'ancien état de choses, ce qui eut lieu en 1849.

Ces renseignements ne sont pas nouveaux pour M. le Dr Jeannel qui les a trouvés dans les sources auxquelles il a tant puisé, mais il n'a pas cru devoir y faire allusion ; aussi m'a-t-il paru utile de les opposer à ses critiques.

IV

Au nombre des moyens signalés par M. le Dr Jeannel, comme devant atténuer le danger de *l'arbitraire inévitable de la police*, figure le perfectionnement des règlements et des instructions.

Sur ce terrain, M. le Dr Jeannel examine une collection d'instructions tirées d'une réédition de Parent-Duchâtelet rajeunie par des notes et remontant à près de vingt ans.

Elles lui paraissent incomplètes, dépourvues de netteté et de précision, et il propose un nouveau texte.

J'en extrais cet article comme un simple échantillon d'impossibilités pratiques.

« Quelles que soient les circonstances où elles « auront été arrêtées, les prostituées clandestines « seront conduites *immédiatement* devant le chef « du bureau des mœurs, afin qu'il soit procédé « *sans délai* à leur interrogatoire et à l'examen cor-« porel. »

L'auteur de cette disposition oublie que la presque totalité des arrestations d'insoumises s'opère le soir, très-tard, entre onze heures et minuit, et qu'il importe que les circonstances qui ont motivé ces mesures soient toujours régulièrement constatées.

A Paris, toutes les arrestations d'insoumises font l'objet de procès-verbaux de commissaires de police contenant un exposé des faits, un interrogatoire, le résultat des informations, s'il y a lieu, et des conclusions.

Il serait curieux de voir ce que valent toutes les modifications ainsi proposées, en les examinant au point de vue des nécessités et des difficultés de la pratique, mais cela nous entraînerait trop loin.

Je me bornerai à quelques citations empruntées à la partie de son livre dans laquelle M. le Dr Jeannel a réuni la substance de projets de règlements sur toutes les questions se rattachant de près ou de loin à la police sanitaire.

Je citerai d'abord ce passage de ses conclusions générales : « Nulle réforme sanitaire purement lo-« cale ne peut être considérée comme efficace contre « la contagion syphilitique. Un vaste système *in-« ternational* peut seul réaliser à cet égard le vœu « des hygiénistes. . . . . Un rè-« glement uniforme relativement à la prostitution « devrait être adopté dans tous les centres de popu-« lation, non-seulement en France, *mais dans tous* « *les pays civilisés.* »

Ceci me semble bien exigeant, et me paraît constituer un véritable abus de l'internationalité.

Réglementons au mieux, si nous le pouvons, la police sanitaire générale de notre pays, nous aurons déjà fait beaucoup, et je n'aperçois aucune raison pour nous solidariser sous ce rapport avec toutes les nations du globe.

A propos d'une grosse question, celle de l'hospitalisation des vénériens, question qui touche au domicile de secours, à la sûreté publique et à des exigences financières considérables, M. le Dr Jeannel, sans se préoccuper d'aucune considération sous ce triple rapport, formule une sorte de projet de loi dans lequel figurent les dispositions suivantes :

« Les vénériens des deux sexes devraient être « admis librement et sans aucune formalité dans « les hôpitaux spéciaux. . . . .

« Les prostituées des petites villes, des bourgs et « des villages, qu'on se borne le plus souvent à ex-

« pulser, lorsqu'elles sont reconnues malades, de-
« vraient être dirigées, *par la gendarmerie*, jus-
« qu'à l'hôpital de vénériens le plus voisin et y être
« séquestrées jusqu'à guérison. . . . . . .

« Le régime intérieur des hôpitaux de vénériens
« devrait être amélioré, afin que les malades n'é-
« prouvassent aucune répugnance à y entrer et à y
« rester jusqu'à parfaite guérison. »

Ceci est l'hôpital attrayant devenu le monopole de la syphilis constitutionnelle. Je ne sais si M. le Dr Jeannel a le droit de revendiquer personnellement cette conception ou si c'est un emprunt, mais j'avoue humblement que de pareilles dispositions m'ouvrent des perspectives d'un chaos inexprimable. Elles me montrent les vénériens, vagabonds ou domiciliés, devenus une caste privilégiée, entrant, suivant leur bon plaisir et contrairement aux règles les plus légitimes, dans des hôpitaux perfectionnés, où l'on s'efforce de les attirer et de les retenir par un régime confortable, et qui raillent impudemment les simples phthisiques ou épileptiques que les hô-pitaux repoussent, et auxquels il resterait, il est vrai, pour se faire assister, l'expédient qui les pourvoirait de la contagion syphilitique. Je vois, en outre, dans les villages et dans les bourgs, de pauvres filles qu'aucun bureau des mœurs n'a examinées, et que, sous prétexte de prostitution et de maladie véné-rienne, la *gendarmerie* enlève pour les transporter à l'hôpital et les y séquestrer.

La fameuse loi sur le pouvoir discrétionnaire du chef de police couvrira-t-elle aussi ces mesures ? M. le Dr Jeannel ne s'explique pas sur ce point. Je m'arrête, j'ai hâte de conclure.

Toutefois, avant de le faire, je dois payer ma part d'éloges à une conception de M. le Dr Jeannel, celle de la création d'un poste d'Inspecteur général des services sanitaires spéciaux. L'idée me paraît excellente. Une inspection de ce genre aurait certainement pour résultat l'organisation d'un service médical dans toutes les localités où la prostitution publique viendrait à prendre un certain développement.

V

En résumé et en mettant en dehors, à titre de documents à consulter, la reproduction des règlements et des renseignements applicables à la prostitution à l'étranger et dans les principales villes de France, et quelques projets de réglementation spéciale, le livre de M. le Dr Jeannel ne tient pas ce qu'il promet.

Le lecteur, écrasé par le nombre et l'importance des citations et des emprunts qu'il découvre facilement, s'il est au courant des publications sur la matière, cherche vainement la personnalité de l'auteur.

A en juger par certaines attaques assez ardentes

dans la forme, on pourrait croire à l'existence chez M. le Dʳ Jeannel de doctrines et d'un système dont il subirait l'entraînement et poursuivrait l'application. Il peut en être ainsi au point de vue d'une sorte de prophylaxie vénérienne internationale; cela n'apparaît, par aucun détail pratique, pour ce qui regarde notre pays.

Nous venons de voir que les critiques de M. le Dʳ Jeannel ont surtout pour objet l'insuffisance de la répression, en ce qui touche la prostitution clandestine, et les obligations sanitaires imposées aux filles publiques, dites isolées.

M. le Dʳ Diday, dans sa brochure intitulée: « Nouveau Système d'assainissement de la prostitution, » exprime une opinion toute différente. On sent, dès les premières lignes, que l'auteur est sincère et profondément convaincu de l'excellence de sa thèse.

Suivant lui, l'insuccès de tous les efforts tentés pour arriver à l'extinction des maladies vénériennes provient, d'une part, de ce que l'Administration de police s'est exclusivement préoccupée d'astreindre les prostituées malades à subir le traitement, au lieu de chercher à les amener à accepter, à désirer même ce traitement.

On pourrait croire que M. le Dʳ Diday se rapproche ici du système de l'hospitalisation facile et perfectionnée, préconisé par M. le Dʳ Jeannel, en ce qui concerne les vénériens; mais il n'en est rien. La thèse de M. le Dʳ Diday est celle-ci : les prostituées redoutent le séjour à l'hôpital : de là leur éloignement pour l'inscription et leur répugnance contre les visites sanitaires.

Or, les médecins estiment qu'on n'est assuré de la guérison complète de la maladie vénérienne que si un traitement général a été suivi pendant un temps réglementaire.

« Ces données, dit M. le Dr Diday, ont pour effet
« de prolonger la durée du séjour à l'hôpital qu'on
« impose aux prostituées reconnues syphilitiques;
« de prolonger ce séjour au delà du temps exigé pour
« le traitement d'un client ordinaire en ville ; de le
« prolonger même après la disparition des accidents
« locaux visibles; de le prolonger, par conséquent,
« longtemps encore après que la femme a cessé
« d'être l'agent possible d'une contagion; toutes cir-
« constances qui ajoutent à l'apparence vexatoire
« de l'hospitalisation et expliquent l'horreur que,
« ainsi comprise et ainsi pratiquée, elle inspire à ses
« malheureuses tributaires. »

Ce qu'il faudrait, continue M. le Dr Diday, ce serait que les prostituées trouvassent au Bureau des mœurs des médecins qui les traitassent de façon à les dispenser, autant que possible, du séjour à l'hôpital.

Nous voici donc maintenant au dispensaire attrayant. Quant à l'hospitalisation, elle est passée au rôle d'épouvantail. Elle resterait comme un moyen de traitement indispensable dans certains cas et sur-

tout « comme une perspective utilement effrayante,
« comme un moyen comminatoire pour celles des
« prostituées qui, ayant des maladies susceptibles
« d'être guéries en ville, en compromettraient le
« traitement par leur négligence à venir se faire
« soigner à l'hôpital. »

A l'appui de ces considérations, M. le Dr Diday
passe en revue les diverses maladies vénériennes
dont sont atteintes les femmes, et les examine au
double point de vue de leur contagiosité et de l'opportunité du traitement, soit en ville, soit à l'hôpital.

Je n'ai pas qualité pour apprécier la valeur scien-
tifique de cet examen ; mais ce que je crois pouvoir
me permettre de dire, en considérant, au point de
vue de l'Administration de police, le procédé proposé
par M. le Dr Diday, procédé très-rationnel, tout à
fait d'accord avec la vérité sur beaucoup de points et
très-séduisant sous le rapport théorique, c'est qu'il
est absolument irréalisable comme exécution. On le
reconnaîtra en l'opposant au projet de règlement ré-
digé par M. le Dr Diday et qui a pour but, dit-il, d'assurer l'assainissement de la prostitution, « en inspi-
« rant aux prostituées clandestines le *désir* de passer à
« l'état de prostituées inscrites, et d'être soumises
« non-seulement à une surveillance régulière, mais
« aussi à des soins réguliers, en cas de maladie. »

M. le Dr Diday fait précéder son projet de règlement par des considérations générales sur l'inscription des prostituées, considérations qui débutent

ainsi : « Est dite prostituée, toute femme qui se
« donne à quiconque la paye. *La quotité du prix*
« *n'y fait rien.* Toutes doivent être assujetties aux
« mêmes mesures sanitaires. »

Ces choses-là s'écrivent dans le cabinet de travail ;
cela est ferme et cela semble net.

Passons à la pratique.

Qu'est-ce que cela veut dire ?

Faut-il comprendre que la police doit et peut, sur
le terrain sanitaire, s'attaquer à la galanterie vénale,
quels qu'en soient les caractères et la forme ?

Je me borne à poser la question. On écrirait un
volume sur ce sujet.

Je me suis souvent demandé avec surprise comment, sans y être forcé et sans être, le moins du
monde, familiarisé avec les détails et les côtés pratiques d'un service, on se laissait aller sans nécessité
à formuler sur ce point des projets de règlements
de police.

Lorsqu'on édicte ainsi dans le vague, on est en-
traîné à employer de singulières formules dogmati-
ques. M. le D\ :superscript:`r` Diday n'a pu éviter cet écueil.

Il dit : « Les femmes qui déclarent exercer cette
profession, » celle qui consiste à se donner à quiconque paye, « *Qui déclarent !* » . . . .

Il y a des nuances à l'infini. Et celles qui l'exer-
cent sans le déclarer, en niant absolument l'habitude de la prostitution ? . . . .
 . . . . « doivent, sous le rapport

« des garanties qu'elles sont tenues de fournir, être
« assimilées aux commerçants. *L'autorité a donc le*
« *droit de veiller, ici comme dans les autres espèces*
« *de négoce, à ce que la marchandise livrée ne soit*
« *pas d'une nature préjudiciable à la santé du*
« *consommateur.*

« Celles qui ne se déclarent pas doivent être assi-
« milées aux fraudeurs. La découverte de cette fraude
« regarde *presque exclusivement* la police, soit
« qu'elle procède par constatation directe du fait, soit
« que les habitudes, les allures, l'absence de tout
« autre moyen de subvenir à ses besoins créent pour
« telle ou telle femme une suspicion suffisamment
« légitime. Parmi ces éléments d'enquête, peut et
« doit figurer la multiplicité des maladies véné-
« riennes comptées pendant un laps de temps dé-
« terminé. Dans de telles conditions, la fille est *ins-*
« *crite d'office.* »

Ces deux mots *inscription d'office* sont vite pro-
noncés. Il importe d'en bien apprécier la significa-
tion et la gravité.

Je ne peux m'empêcher d'insister sur ce que
j'ai déjà eu occasion d'exposer et qu'on oublie trop,
c'est que l'enregistrement sur le contrôle de la prostitution, enregistrement que la plupart des insoumises repoussent avec énergie, constitue pour l'Administration de police une tâche des plus délicates
et qui ne peut être remplie d'une manière som-
maire.

En ce qui touche les filles majeures qui, ayant été
déjà été arrêtées pour faits de débauche, sont notoi-
rement livrées à la prostitution, l'enregistrement ne
peut faire difficulté. Dans ce cas, rien ne contre-ba-
lance l'intérêt sanitaire. Mais, même parmi les
femmes âgées de plus de vingt et un ans, s'il s'agit
d'un premier fait, si l'exactitude des renseignements
recueillis est contestée, s'il y a des points douteux,
si l'on prétexte d'une défaillance causée par la mi-
sère, s'il se produit des protestations de repentir et
de meilleure conduite, si enfin l'inscription est re-
poussée énergiquement et avec désespoir, l'Administration peut-elle passer outre par le seul motif de
l'intérêt sanitaire ? Je le répète : la science médicale
dira oui, la morale et l'humanité répondront négati-
vement. C'est à la police de continuer son œuvre
et de constater, s'il y a lieu, par ses surveillances,
de nouveaux faits qui ne laissent, cette fois, aucune
place au doute et à l'indulgence et qui justifient
pleinement l'inscription.

Sur toutes les difficultés et sur toutes les espèces
douteuses plane d'ailleurs une considération domi-
nante, qu'il importe de ne pas perdre de vue, c'est
que l'*inscription d'office*, c'est-à-dire imposée, dans
des conditions discutables et susceptibles de créer
des résistances invincibles, est une mauvaise mesure, un péril permanent, sans profit pour la dis-
cipline et l'intérêt sanitaire. Les refus obstinés et
persistants de soumission ne se produisent pas dans

les cas où les éléments d'appréciation sont multiples et absolus.

Or, si l'Administration, en matière d'inscription, est si fréquemment forcée de s'arrêter devant des protestations, alors qu'elle est en face de filles ayant atteint l'âge de majorité et, dès lors, tout à fait responsables, que peut-elle faire lorsqu'elle est vis-à-vis de mineures appartenant, avant tout, à l'autorité paternelle, qui peut intervenir utilement pour les corriger et les ramener dans la bonne voie, et avec laquelle il importe dès lors de s'entendre ?

Dans son désir de tout concilier, M. le Dr Diday, qui a peut-être entrevu les périls et les difficultés de l'inscription d'office, s'imagine échapper aux graves inconvénients de ces mesures, en attirant les prostituées vers l'inscription par l'appât d'une *prime*, et il accorde dix francs à toute femme qui spontanément se sera fait inscrire, pourvu qu'il soit prouvé par enquête qu'elle vit depuis un temps déterminé dans les conditions qui motivent cette mesure.

Rien de plus dangereux, de plus impraticable, de plus immoral même, qu'une pareille disposition.

C'est sous l'empire de la même préoccupation que M. le Dr Diday veut substituer au Dispensaire actuel, qui est annexé au Bureau des mœurs et dont l'action se combine avec les diverses mesures de police, que la répression et la surveillance des prostituées rendent nécessaires, un autre dispensaire ouvert à tout le monde, certains jours pour le traitement gratuit des maladies vénériennes, ouvert, certains autres jours, aux filles inscrites, soit en maison, soit libres, lesquelles ne seront toutes astreintes qu'à la *visite bimensuelle*. Ce Dispensaire est, à la fois, un lieu de consultation et de fourniture de médicaments pour les indigents ; il y sera même délivré des bons de pain et de viande. Enfin les filles dites isolées pourront subir, à leur gré, leurs visites soit au dispensaire, soit au domicile de l'un des médecins du dispensaire.

De pareilles prescriptions n'ont pas besoin d'être discutées au point de vue pratique ; c'est le retour aux abus du passé, c'est la destruction complète de l'action de police en matière sanitaire. L'unique objectif de M. le Dr Diday est de désarmer les répugnances des filles inscrites à l'égard du Dispensaire.

Lorsqu'une prostituée sera reconnue malade, le médecin aura à décider, d'après une instruction annexée au règlement, si elle doit être envoyée à l'hôpital ou si elle peut être traitée en ville.

Quant à l'hôpital, il constituera une sorte de pénalité. On y enverra d'office toute fille : 1° qui aura été reconnue comme ayant contaminé un individu ; 2° qui aura manqué, étant malade, à l'une des visites, soit au Dispensaire, soit chez le médecin, au jour qui lui avait été marqué pour s'y rendre.

Voulant surtout favoriser les vénériennes qui consentiront spontanément à entrer à l'hôpital,

M. le Dr Diday stipule pour elles des facilités de tout genre : elles y seront reçues immédiatement, sur leur demande; elles en sortiront avant guérison, moyennant promesse de se soigner en ville, et on leur accordera des sorties temporaires de quelques heures contre le dépôt d'un objet de prix.

J'ai le plus grand respect pour la science médicale; aussi m'est-il pénible de la voir s'engager à ce point sur un terrain qui n'est pas le sien, et où elle court le risque de s'égarer.

Le travail de M. Diday peut se résumer par cette phrase qui en est extraite : « Tenter d'obtenir des « prostituées, par les voies de douceur, les garanties « que la société est en droit de leur demander. »

A ce sujet M. le Dr Diday exhorte ceux de ses confrères qui sont appelés à traiter des vénériennes, à adopter comme règle de conduite l'esprit, sinon la lettre, de son système. Il s'exprime ainsi : « Le mé-« decin d'hôpital qui ne prolongera pas le traitement « général beaucoup au delà du temps nécessaire pour « réprimer la poussée actuelle, qui apportera sa prin-« cipale attention à guérir promptement, par une « médication locale, les lésions contagieuses, agira « dans le sens que j'indique. Entrera également dans « mes vues, le médecin-inspecteur qui, doux et poli, « quoique ferme, avec ses clientes spéciales, apportera « une juste réserve à édicter leur envoi à l'hôpital, « et prendra sur lui de donner parfois aux moins « gravement atteintes quelques conseils simples, sus-

« ceptibles d'être exécutés chez elles. L'un et l'autre
« sont mes partisans, en effet, puisqu'ils travaillent à
« réaliser les deux objectifs essentiels de mon sys-
« tème : 1° rendre pour les prostituées l'hospitalisa-
« tion plus rare et de plus courte durée ; 2° pousser
« les prostituées clandestines à moins redouter l'ins-
« cription, en leur montrant qu'elle n'est inconci-
« liable ni avec le maintien de leur liberté, ni même
« avec la faculté de se faire traiter en secret. »

Ce sont là d'excellents conseils, dont la réalisa-
tion, si elle était possible, vaudrait mieux que n'importe quel mode de contrainte, nul ne le contestera.
Reste à savoir s'ils sont conciliables avec les exigences absolues de la pratique, en matière de répression de la prostitution et de surveillance sanitaire.
Je ne le crois pas.

VI

Tout en se plaçant à des points de vue différents,
puisque l'un prêche la rigueur sur le terrain sanitaire, tandis que l'autre préconise à ce sujet un régime de douceur, plein de compromis et d'atténuations, MM. les Drs Jeannel et Diday s'accordent pour
se montrer sévères vis-à-vis de l'Administration.

On a vu, je les ai notées au passage, que M. le
Dr Jeannel n'a pas épargné à cette dernière des
formules d'appréciation d'une extrême rigueur.

De son côté, M. le Dr Diday termine sa brochure

par un trait empreint d'une certaine amertume. En exprimant sa conviction sur la supériorité de la réforme qu'il propose, il ajoute qu'il est non moins convaincu de la difficulté, quelque simple qu'elle paraisse, de la faire adopter, attendu qu'en France autre chose est de modifier les idées, autre chose de modifier les *Bureaux*.

Pauvres Bureaux, on ne serait que juste en reconnaissant qu'ils ont un rôle de boucs émissaires d'autant plus commode pour qui les attaque qu'ils sont le plus ordinairement condamnés au silence. Si l'Administration, cet être impersonnel, qu'on croit indifférente aux critiques, qui ne répond jamais, parce qu'elle n'a pas les ardeurs des individualités et qu'elle ne dispose d'ailleurs, pour se défendre, que d'une forme mesurée et d'un vocabulaire restreint qui excluent, en quelque sorte, la passion et la vie, pouvait répondre, non plus comme une abstraction, mais comme une personne, elle arriverait probablement à convaincre et à désarmer ses adversaires.

Dans la circonstance, on est allé jusqu'à dire qu'elle protégeait la prostitution clandestine, et à attribuer tout au moins à l'insuffisance et aux erreurs de la répression le développement de la prostitution à Paris.

Lorsqu'il s'agit d'apprécier ce développement dans ses causes et dans son caractère, la Police pourrait bien revendiquer une certaine compétence qui lui est naturellement dévolue par sa laborieuse pratique.

Mais les choses en sont venues à ce point que ce qu'elle pourrait dire en pareille matière est, en quelque sorte, notoire. Ces causes, tout le monde les connaît et les déplore. Faut-il donc les énumérer à nouveau?

Le sentiment religieux s'est affaibli; les préoccupations de luxe et de vie facile se sont répandues partout; l'autorité paternelle n'est plus respectée au même degré qu'autrefois; la tolérance pour la galanterie vénale et scandaleuse est entrée dans nos mœurs, et par suite la répression par la police de la débauche publique est devenue plus difficile à exercer.

L'ensemble de ces faits constitue comme une sorte de courant qui remonte à vingt-cinq ans environ, dont la force s'est accrue d'année en année, et qui a pris, surtout sous l'influence des derniers événements, un développement considérable.

Aux audaces actuelles de la prostitution et à sa progression continue, l'Administration de police a opposé toutes ses forces. L'énergie de sa résistance est prouvée par des chiffres d'arrestations qu'on n'a jamais atteints en aucun temps sur ce terrain.

En fait de répression de la prostitution, on ne saurait trop le répéter, rien ne se peut sans cette mesure grave, délicate, pleine de responsabilités et d'écueils : l'arrestation de la fille de débauche.

Dans leurs travaux sur la prostitution, les médecins se gardent d'aborder d'une façon précise ce fait de l'arrestation ; ils n'en parlent presque jamais, soit à propos d'inscriptions, soit à propos d'envois à l'hôpital. Il semblerait que ces mesures, qui soulèvent presque toujours des résistances et qui présentent parfois les plus grandes difficultés d'exécution, s'opèrent facilement, sans le moindre effort et par de simples injonctions. Il importe qu'on sache que ce n'est que par l'arrestation que deviennent possibles l'examen corporel, l'enquête administrative contradictoire, le recours à la famille, s'il s'agit de mineures, les constatations successives, indispensables pour l'inscription en parfaite connaissance de cause, l'assujettissement habituel aux obligations sanitaires et administratives, et enfin l'observation des règlements spéciaux.

En regard de ces considérations, dont la valeur ne peut être contestée, il n'est pas sans intérêt de rappeler, en le répétant, mais pour en faire ressortir l'importance, que le chiffre des arrestations de prostituées opérées en 1873 s'est élevé à 12,392, dont 3,319 filles adonnées à la prostitution clandestine.

C'est une sorte de maximum d'action répressive ; il ne paraît guère possible de faire plus dans les conditions actuelles.

Depuis longtemps l'Administration supérieure se préoccupe de l'agrandissement de la prison de Saint-Lazare, qui offre présentement un septuple caractère, car elle est tout à la fois : Maison d'arrêt, maison de correction, maison de justice, dépôt de condamnées, maison d'éducation correctionnelle, et enfin prison administrative et infirmerie spéciale pour les femmes de débauche. Il y a un véritable problème à résoudre pour effectuer le morcellement de ce groupe d'établissements pénitentiaires de tous genres. C'est une question complexe et elle entraînera pour l'État et le département d'énormes dépenses. Reconnaissons douloureusement qu'il n'y a pas en ce moment d'opportunité à la soulever.

Il faut donc, quant à présent, se résigner à vivre dans les mêmes conditions, aux prises avec les mêmes embarras, et continuer la lutte en s'efforçant de ramener le mal à de moindres proportions et avec l'espoir que les effets de la crise traversée iront en diminuant.

Dans tous les cas, et la part faite aux atténuations qui ne peuvent manquer de se produire, au fur et à mesure qu'on s'éloignera de 1870 et de 1871, on n'en aura pas moins à résister à une progression normale, pour ainsi dire, de la prostitution, progression à laquelle les conceptions de la science, rigoureuses et logiques, comme celles des docteurs Mougeot et Garin (1), conciliantes et presque attendries, comme celles du Dr Diday, sont impuissantes pour apporter sur le terrain de police un remède pratique et efficace.

(1) Voir le *Congrès médical international*, 1868. V. Masson et Asselin.

Ce remède, que nous allons chercher en examinant l'ensemble de la question, ne peut être le résultat, ni de dispositions de détail, ni même d'un redoublement d'activité et de rigueur dans la répression, avec l'aide d'une augmentation du personnel de surveillance.

En effet, admettons, par impossible, que toutes les prostituées clandestines soient arrêtées et inscrites demain. Il n'y a pas de soumission et de dépendance sans contrôle et sans répression, le cas échéant. Que deviendra cette foule d'inscrites et comment les retrouvera-t-on? L'arrestation et l'inscription ne suffisent pas. Il faut la part du fonctionnement, des nécessités pratiques, qu'il s'agisse de la prostituée ou de l'action de police à son égard. Ceci touche à un point qu'il est impossible d'aborder sans préambule et qui nous contraint de reprendre d'un peu haut notre examen, ce que nous allons faire rapidement.

VII

Depuis l'avénement du christianisme et partout où il a prévalu, la prostitution, frappée d'une réprobation générale, est tout d'abord forcément devenue clandestine. Obligée de se réfugier dans les maisons de tolérance, quel que soit le nom donné, à différentes époques, à ces lieux dans lesquels on s'efforçait de concentrer la débauche publique, elle y a été refoulée par l'autorité avec une énergie qui, notamment pendant la période du moyen âge, est allée parfois jusqu'à la barbarie.

Par la force des choses, par la modification des coutumes et des mœurs, et en raison de ce fait que le vice et l'abjection ont leurs nuances et leurs degrés, aussi bien chez les prostituées que chez les hommes qui les fréquentent, cette inflexibilité de la pratique s'est détendue peu à peu, et on a vu se former et se faire tolérer, par une complète soumission aux règles de police, comme une nouvelle catégorie de prostituées, celles que l'on désigne aujourd'hui sous la dénomination de filles isolées, c'est-à-dire prostituées inscrites ayant un domicile particulier et logées dans leurs meubles.

A côté et en dehors de ces deux catégories de filles inscrites, il y a toujours eu d'ailleurs, avec plus ou moins d'éclat, de vernis, de précautions et de déguisements, une galanterie vénale, difficile à atteindre, et à l'égard de laquelle la répression pouvait, en s'exerçant, s'exposer à dépasser le but et remplacer le mal par un mal pire.

Je ne veux pas remonter trop haut. Je tiens à me rapprocher de l'époque actuelle. Ce que je cherche en ce moment à indiquer, c'est ce qu'on appelait, il y a trente ans, la femme de théâtre, la danseuse, la lorette, la grisette.

Depuis lors, par suite de l'affaiblissement des doctrines religieuses et des déférences traditionnelles pour tous les pouvoirs légitimes, grâce aussi à une sorte de tolérance générale, encouragée par le théâtre et le roman, ce personnel de la galanterie vénale s'est audacieusement affiché, et, sentant combien l'esprit public le protégeait en quelque sorte et paralysait, à son égard, l'action de la police, il s'est développé, en tombant ouvertement, selon les hasards de sa vie, dans la prostitution clandestine dont il a grossi les rangs.

Ceci posé, et dans cet état des choses, on ne saurait méconnaître que c'est sur la prostitution clandestine, ouvertement scandaleuse, qu'il faut surtout faire porter l'effort de la répression. Tout le monde doit être d'accord sur ce point.

Donner pour but à cet effort le refoulement, la séquestration, pour ainsi dire, de toutes ces prostituées insoumises, de conditions diverses, dans les maisons de tolérance, de moins en moins nombreuses, où les filles, dites de maisons, ne séjournent plus qu'impatiemment, à titre provisoire, et en attendant l'heure où elles pourront jouir de la liberté relative et des chances d'aventures que possède la fille isolée, cela est certainement séduisant au point de vue théorique ; c'est ce que demande implicitement M. le D* Jeannel ; mais cela est manifestement impossible, à moins que l'autorité n'ouvre elle-même des lieux de débauche ou ne les concède à l'état de priviléges. Ai-je besoin de répudier de semblables hypothèses ?

Et d'abord qui pourrait aujourd'hui songer à

accompagner l'inscription d'office d'une fille adonnée à la débauche publique, dans certaines conditions, et avec certaines réserves, mais logée dans
ses meubles, de l'obligation absolue d'entrer dans
une maison de tolérance et d'en subir le régime de
subordination spéciale? C'est une chose d'inscrire
cela dans un règlement, c'en est une autre de
l'exécuter. Comment s'y prendre d'ailleurs si le personnel des pensionnaires des maisons de tolérance est
au complet? Dans ce cas, que fera-t-on, lors de
l'inscription, des prostituées d'habitude ramassées
sur la voie publique et se trouvant sans asile?

Le nombre des maisons de tolérance va en diminuant; beaucoup de celles qui existent sont sur le
point de se fermer. Comment en créera-t-on de
nouvelles et qui se substituera, sur ce point, à l'ini-
tiative privée demandant la tolérance? Espère-t-on
modifier, par cette mesure, les habitudes des gens
qui, tout en recherchant les femmes de débauche,
répugnent, par une sorte de respect humain, laquelle est une des formes du luxe d'aujourd'hui,
à franchir ouvertement le seuil d'une maison de
prostitution tolérée?

Dans l'état actuel des idées et des choses, on n'est
plus maître de parquer absolument la prostitution
dans le lieu de débauche et le lieu de débauche dans
un quartier perdu. On ne reviendra pas en arrière
sur ce point. Il n'y a pas à y songer. Ce qu'il
faut avant tout, c'est de pouvoir relancer et attein-

dre la prostituée clandestine dans le lieu où elle accomplit son acte de débauche, si dangereux pour la santé publique. Ce lieu, c'est le cabaret, c'est le garni, c'est encore le logement où, grâce à la connivence du propriétaire ou du concierge, la prostituée clandestine, logée dans ses meubles, peut faire ouvertement son répugnant métier.

Vis-à-vis des cabarets ou des cafés qui servent, comme certains établissements des boulevards, de lieu de racolage ou même de lieux de prostitution, l'administration de police est armée par le décret du 29 décembre 1851, lequel subordonne le débitant de boissons à une autorisation préalable. Cette autorisation peut être refusée, si les antécédents du demandeur le représentent comme adonné au proxénétisme, et elle peut être retirée, lorsque le débitant favorise la prostitution.

Est-il besoin de faire remarquer que, dans une certaine mesure, la prostitution dans les cabarets c'est l'exception, si on la compare à celle qui s'opère dans l'hôtel meublé, chez le logeur? Cela tient à mille raisons qui n'ont pas besoin d'être expliquées et que tout le monde sait ou devine. C'est donc le garni qui est surtout le grand refuge et le lieu de débauche du plus grand nombre des prostituées clandestines.

A cet égard et jusqu'en 1866, l'Administration de police, s'appuyant sur l'ordonnance du 6 novembre 1778, pouvait obtenir, devant le Tribunal correctionnel, contre *tous propriétaires, principaux locataires* ou *logeurs*, favorisant la prostitution, une sanction pénale, sous forme d'une amende fixée, au maximum, à « 500 livres ».

Mais un arrêt de la Cour de cassation, en date du 1er décembre 1866, a décidé que les infractions à l'ordonnance de 1778 constituaient une contravention et ne seraient désormais justiciables que du tribunal de simple police. Il ne s'agit donc plus pour le contrevenant que de courir le risque de pénalités relativement insignifiantes et dont il fait bon marché lorsqu'il les oppose aux bénéfices qu'il peut se procurer en favorisant la débauche.

C'est ce point qui mérite de fixer l'attention. L'Administration supérieure se préoccupe d'obtenir du législateur une loi qui soumette le logeur, comme le cabaretier, à l'obligation d'une autorisation préalable, révocable dans des conditions déterminées.

Si, comme il y a lieu de l'espérer, on édicte une disposition légale dans ce sens, la prostitution clandestine perdra la presque totalité des asiles qui lui sont ouverts. Dans ce cas ce n'est pas seulement des prostituées insoumises, logées en garni, qu'il s'agit, mais encore de celles qui, tout en étant logées dans leurs meubles et ne pouvant, sans s'exposer à une mesure d'expulsion, se prostituer chez elles, vont se livrer à la débauche dans les hôtels garnis.

Disons aussi que, par des raisons analogues,

beaucoup de filles inscrites, dites isolées, procèdent de même.

Il est permis de croire que la suppression des facilités qu'offrent les logeurs pour la débauche publique, en même temps qu'elle écarterait de la prostitution un certain nombre de filles hésitantes et plus ou moins timorées, rendrait la répression plus facile et plus efficace, et qu'elle aurait pour résultat d'augmenter le nombre des inscriptions volontaires.

Elle pourrait avoir encore une autre conséquence beaucoup plus importante, au point de vue de la surveillance administrative et sanitaire des prostituées inscrites. En pesant sur la prostitution clandestine de façon à la transformer en prostitution inscrite et soumise, en même temps qu'elle lui fermerait ses refuges habituels, elle fournirait peut-être l'occasion et le moyen d'appliquer, dans une large mesure, un procédé dont il n'a été usé qu'exceptionnellement, et dont l'emploi d'une manière générale constituerait, dans la pratique de la prostitution, un grand changement qui répond aux nécessités actuelles : je veux parler de la généralisation d'un procédé consistant à autoriser les filles isolées à faire leurs passes dans les maisons de tolérance qui leur seraient indiquées et qui devraient se trouver dans le voisinage de leur domicile.

Il va sans dire qu'aucune de ces filles dites isolées ne pourrait avoir accès dans la maison de tolérance, pour y faire acte de prostitution, qu'en justifiant de sa carte d'inscription, et que toute infraction à cet égard serait sévèrement réprimée. Il n'y a pas à entrer dans d'autres explications. Celles-ci doivent suffire pour donner une idée des difficultés de la tâche qui, en pareille matière, incombe à la police et des obstacles qu'elle doit surmonter.

Il serait injuste cependant de méconnaître que l'esprit public, effrayé par l'accroissement de la prostitution et par ses scandales, montre aujourd'hui moins de préventions qu'autrefois contre les agents chargés du service de répression.

Mais on ne peut toucher à ces questions sans être pris de tristesse. On constate bien que l'Administration lutte contre le mal et qu'on peut prévoir une atténuation sur le côté extérieur du désordre. On n'en sent pas moins jusqu'à l'évidence, que le flot toujours montant de la débauche tient à des causes que la répression de détail ne peut atteindre.

Que la police augmente le nombre de ses agents, qu'elle agrandisse Saint-Lazare, qu'elle redouble, s'il est possible, d'activité et d'énergie, que le nombre des inscriptions sur les contrôles des prostituées se triple ou se quadruple, que les maisons de tolérance, plus ou moins transformées en maisons de passe, revivent et se multiplient, et, si on veut, comme si cela était praticable et légitime, que les dispensaires et les hôpitaux de vénériens, augmentés de nombre, améliorés de régime, s'ouvrent à deux battants devant quiconque est frappé par l'infection syphilitique, tout cela c'est le terre-à-terre de la lutte contre la prostitution, c'est le combat pour la sauvegarde journalière dans l'intérêt de l'ordre et de la santé publique. Cela gêne le courant de la prostitution ; cela l'éparpille, le divise et diminue sensiblement, en définitive, son importance et ses effets. C'est énorme si l'on songe aux résultats de ces efforts et à ce qui serait, s'ils cessaient un seul instant de se produire. Ce n'est pas assez lorsqu'on regarde le mal lui-même, ses causes et sa progression continue.

M. A. Dumas fils, qui, dans ses travaux littéraires, semble avoir voulu étudier spécialement certains côtés de cette plaie sociale, écrivait, en mars 1869, cette décourageante déclaration : « L'espoir de « mettre un frein ou un obstacle à la prostitution « toujours croissante du xix° siècle a quelque chose « qui donne envie de rire comme l'acte d'un fou (1). »

Doit-on juger ainsi la situation et renoncer à trouver sur ce point un réconfortant pour la pensée ?

Non, il faut garder l'espérance que la génération naissante sera mieux protégée par l'éducation religieuse, par la loi (2), par les enseignements, les

---

(1) Le refuge de Sainte-Anne, *Le Gaulois* du 12 mars 1869.

(2) La Commission d'enquête sur les établissements pénitentiaires examine en ce moment un projet de loi sur les jeunes détenus, où se trouve cette disposition : « Les parents convaincus « de négligence dans la surveillance de leurs enfants, pourront « être privés des droits de la puissance paternelle. »

Le projet de loi pour la protection des enfants employés dans les professions ambulantes montre la même préoccupation.

En ce qui touche la question du domicile de secours, une loi sollicitudes et l'autorité de la famille, contre les séductions qui se rencontrent partout, dans la rue, dans l'atelier, dans le salon, dans les livres, au théâtre, et qu'aggravent encore les manifestations, sous toutes formes, de ce luxe de surface et de clinquant qui caractérise notre époque et que le deuil de nos épreuves nationales ne nous a pas fait abandonner.

qui, sous le rapport des charges de l'assistance, solidariserait la commune avec le domicilié, mettrait peut-être obstacle à la désertion de la campagne et des petites villes.

15 juillet 1874.

FIN

TRAITÉ ÉLÉMENTAIRE

DE PHYSIOLOGIE HUMAINE

COMPRENANT LES PRINCIPALES NOTIONS DE LA PHYSIOLOGIE COMPARÉE

Par J. BÉCLARD

PROFESSEUR A LA FACULTÉ DE MÉDECINE DE PARIS
MEMBRE DE L'ACADÉMIE DE MÉDECINE

6ᵉ édition, revue et mise au courant de la science. 1 très-fort vol. grand in-8 de 1,260 pages, cartonné à l'anglaise, avec 246 figures intercalées dans le texte. 1870............................ 16 fr.

HYGIÈNE

DE LA PREMIÈRE ENFANCE

Par J. BÉCLARD

PROFESSEUR A LA FACULTÉ DE MÉDECINE DE PARIS

1 vol. in-12. 1852........ 2 fr.

TRAITÉ ÉLÉMENTAIRE

D'HYGIÈNE PRIVÉE ET PUBLIQUE

Par E. BECQUEREL

PROFESSEUR AGRÉGÉ A LA FACULTÉ DE MÉDECINE DE PARIS

5ᵉ édition, avec additions et bibliographie, par le docteur BEAUGRAND, sous-bibliothécaire à la Faculté de médecine de Paris, etc. 1 très-fort volume grand in-18 de près de 1000 pages, cartonné à l'anglaise. 1873... 9 fr.

Le *Traité élémentaire d'hygiène privée et publique* de M. Becquerel présente, sous une forme concise, un tableau complet de cette science. L'auteur a profité de ses connaissances physiques et chimiques pour aborder un grand nombre de questions entièrement négligées dans la plupart des traités d'hygiène, en même temps qu'il a réuni les applications de toutes les sciences à l'hygiène privée et publique. Cette 5ᵉ édition est mise au courant des progrès de la science par de nombreuses additions et augmentée d'une bibliographie très-étendue pour chaque article.